Ernst Probst

Bette Davis - Die Frau, die 100 Filme hinterließ

AF388507

Bette Davis - Die Frau, die 100 Filme hinterließ

GRIN - Verlag für akademische Texte

Der GRIN Verlag mit Sitz in München hat sich seit der Gründung im Jahr 1998 auf die Veröffentlichung akademischer Texte spezialisiert.

Die Verlagswebseite www.grin.com ist für Studenten, Hochschullehrer und andere Akademiker die ideale Plattform, ihre Fachtexte, Studienarbeiten, Abschlussarbeiten oder Dissertationen einem breiten Publikum zu präsentieren.

Dokument Nr. V190748 aus dem GRIN Verlagsprogramm

Ernst Probst

Bette Davis - Die Frau, die 100 Filme hinterließ

GRIN Verlag

Bibliografische Information der Deutschen Nationalbibliothek: Die Deutsche Bibliothek verzeichnet diese Publikation in der Deutschen Nationalbibliografie; detaillierte bibliografische Daten sind im Internet über http://dnb.d-nb.de/ abrufbar.

Dieses Werk sowie alle darin enthaltenen einzelnen Beiträge und Abbildungen sind urheberrechtlich geschützt. Jede Verwertung, die nicht ausdrücklich vom Urheberrechtsschutz zugelassen ist, bedarf der vorherigen Zustimmung des Verlages. Das gilt insbesondere für Vervielfältigungen, Bearbeitungen, Übersetzungen, Mikroverfilmungen, Auswertungen durch Datenbanken und für die Einspeicherung und Verarbeitung in elektronische Systeme. Alle Rechte, auch die des auszugsweisen Nachdrucks, der fotomechanischen Wiedergabe (einschließlich Mikrokopie) sowie der Auswertung durch Datenbanken oder ähnliche Einrichtungen, vorbehalten.

1. Auflage 2012
Copyright © 2012 GRIN Verlag GmbH
http://www.grin.com
Druck und Bindung: Books on Demand GmbH, Norderstedt Germany
ISBN 978-3-656-15380-1

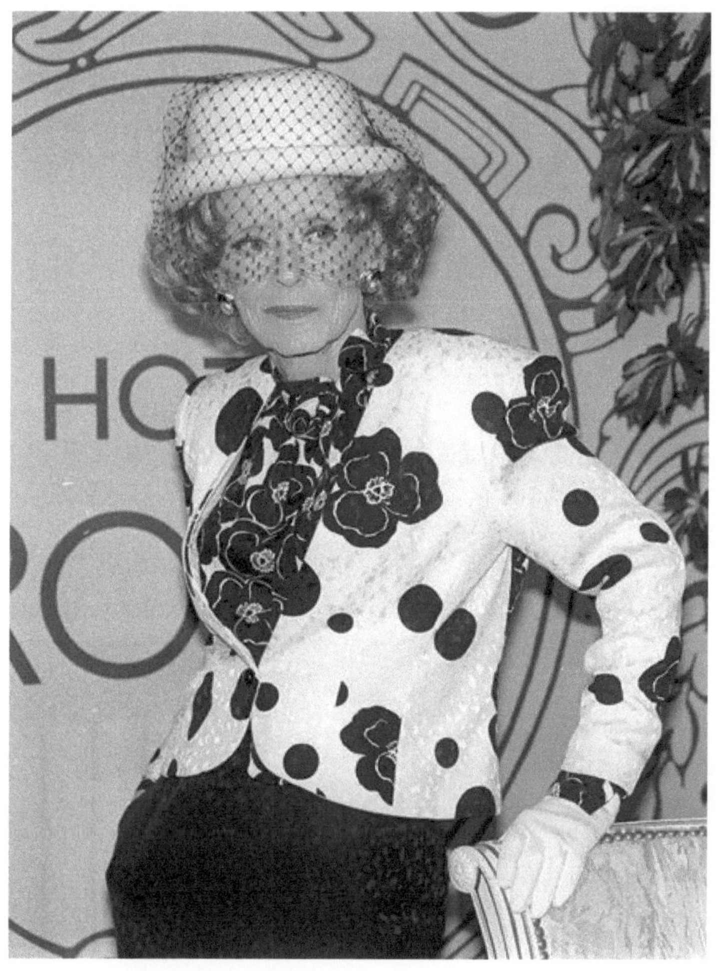

Bette Davis (1908–1989)

Ernst Probst

Bette Davis

Die Frau,
die 100 Filme hinterließ

Beate Werner,
Bernd Werner,
Marianne Werner,
Otto Werner,
Sonja Werner,
Dr. Jochen Werner,
Christine Werner und
Steffen Werner
gewidmet

Bette Davis

Die Frau, die 100 Filme hinterließ

Einer der größten weiblichen Hollywood-Stars war die amerikanische Schauspielerin Bette Davis (1908–1989), geborene Ruth Elizabeth Davis. Der großäugige und oft Zigaretten rauchende Star drehte innerhalb von fast sechs Jahrzehnten rund 100 Filme. Davon sind die besten überwiegend in den 1930-er und 1940-er Jahren entstanden. Bette erhielt zwei „Oscars" als beste Schauspielerin und wurde acht Mal für diesen Preis nominiert.

Ruth Elizabeth Davis erblickte am 5. April 1908 als älteste Tochter des Rechtsanwalts Harlow Morrell Davis und seiner Ehefrau Ruth („Ruthie") Favor in Lowell (Massachusetts) das Licht der Welt. Ihre protestantischen Eltern hatten englische, französische und walische Wurzeln. Am 25. Oktober 1909 wurde ihre jüngere Schwester Barbara („Bobby") geboren.

Ab 1915 besuchte die siebenjährige Ruth Elizabeth Davis die „Crestalban School" in Lanesborough (Massachusetts). Ebenfalls 1915 und im Alter von sieben Jahren erlebte sie die Scheidung ihrer Eltern. Danach wuchsen die beiden Töchter Ruth Elizabeth und Barbara bei ihrer Mutter auf.

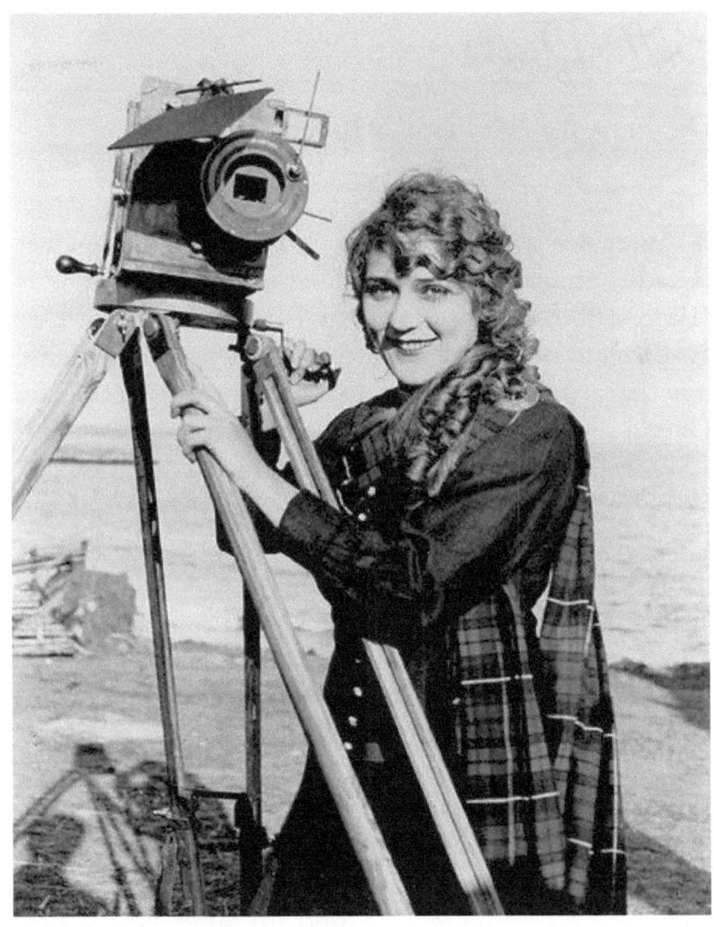

Mary Pickford (1893–1979)

1921 zog Ruth Favor mit ihren zwei Töchter nach New York City. Dort verdiente die Mutter als Porträtfotografin den Lebensunterhalt für sich und ihre Kinder. Damals träumte die 13-jährige Ruth Elizabeth erstmals davon, Schauspielerin zu werden. Wie es dazu kam, wird unterschiedlich geschildert. Einerseits heißt es, sie sei durch Rudolph Valentino (1895–1926) in dem Film „Die vier Reiter der Apokalypse" (1921) und Mary Pickford (1893–1979) in dem Streifen „Little Lord Fauntleroy" (1921) inspiriert worden. Andererseits soll sie ihren Hang zur Welt der Bühne in einer Tanzschule von Peterborough entdeckt haben. Öffentlich aufgetreten ist sie erstmals bei einer Weihnachtsfeier. Den Vornamen „Bette" wählte sie nach der Lektüre des Romans „La Cousine Bette" des französischen Dichters Honoré de Balzac (1799–1850).

1924 schickte die Mutter ihre Töchter Bette und Barbara auf das konfessionelle Mädchenpensionat „Nordfield Seminary for Young Ladies". Ein Semester später wechselten die beiden Schwestern auf die Internatsschule „Cushingham Academy" in Ashburnham (Massachusetts).

1926 besuchte die 18-jährige Bette Davis das „Repertory Theatre" in Boston und sah sich dort das Stück „Die Wildente" von Henrik Ibsen (1828–1906) mit Peg Entwistle (1908–1932) in der Hauptrolle an. Nach eigenem Bekunden wollte sie vor dieser Aufführung eine Schauspielerin werden, danach musste sie es

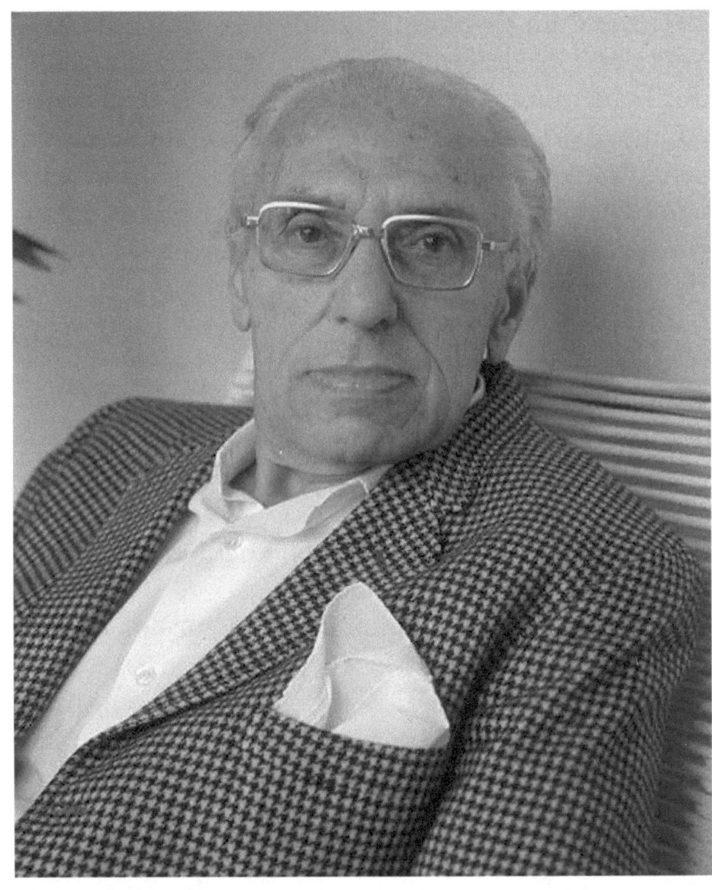

George Cukor (1899–1983)

genauso wie Peg Entwistle. Was sie damals noch nicht ahnen konnte: Peg wurde nur einige Jahre später durch ihren Freitod zur traurigen Berühmtheit: Sie stürzte sich von dem Buchstaben „H" des weltbekannten Hollywood-Schriftzuges in Los Angeles in den Tod.

Bei einem Vorsprechen für die Aufnahme in das 1926 von Eva Le Gallienne (1899–1991) in New York City gegründete Theater „Manhattan Civic Repertoire" hatte Bette Davis noch keinen Erfolg. Die Direktorin Le Gallienne befand, die Einstellung von Bette zum Theater sei nicht ernsthaft genug und lehnte sie ab.

Mit Unterstützung ihrer Mutter schaffte Bette Davis später die Aufnahme an der „John Murray Anderson Dramatic School of Theatre" in New York City. Bette durfte diese Schule zunächst ohne Bezahlung besuchen, musste aber versprechen, das Geld später zurückzuzahlen. An dieser Schule war die Tänzpädagogin Martha Graham (1894–1991) ihre Lehrerin.

Obwohl sie ein Stipendium für das Studium erhalten hatte, verließ Bette Davis die renommierte „John Murray Anderson Dramatic School of Theatre" vorzeitig. Denn sie wollte am „Provincetown Playhouse Theatre" in New York City für den Regisseur James Light arbeiten. Doch man verschob die geplante Inszenierung immer wieder und Bette musste sich vorübergehend um ein neues Arrangement bemühen.

Bette Davis hatte beim Vorsprechen für die „Repertoire-Theatergesellschaft" des Regisseurs George Cukor

                                        Bette Davis

(1899–1983) in Rochester (New York) Erfolg. Obwohl Cukor von ihr nicht begeistert war, bot er Bette ihre erste bezahlte Theaterrolle als Revuetänzerin in dem Stück „Broadway" an. Als sich die weibliche Hauptdarstellerin Rose Lerner bei einer Aufführung verletzte, durfte Bette sogar deren Rolle übernehmen.

Während ihrer Zusammenarbeit hatten Cukor und Bette ein angespanntes Verhältnis. Wenn der erfahrene Regisseur die Arbeit der jungen Schauspielerin kritisierte, kommentierte dies Bette meistens, was Cukor nervte. Schließlich warf er die ehrgeizige und eigenwillige Bette hinaus. Danach arbeitete sie zeitweise als Platzanweiserin in einem Provinztheater.

Im folgenden Sommer begannen die Arbeiten am „Provincetown Playhouse Theatre" in New York City für das Stück „The Earth Beetween". Gegen Ende der Spielzeit wählte man Bette Davis dafür aus, die Rolle der Hedwig in „Die Wildente" von Ibsen zu spielen.

1929 erlebte Bette Davis in dem Stück „Broken Dishes" ihr Debüt am Broadway in New York City. Danach stand sie in „Solid South" auf der Bühne.

Bei einer Theateraufführung fiel Bette Davis einem Talentsucher des „Universal Studios" auf. Dieser lud sie zu Probeaufnahmen für die geplante Verfilmung des Theaterstücks „Strictly Dishonorable" nach Hollywood ein. Als sie dort auf dem Bahnhof ankam, erkannte ein Mitarbeiter des Filmstudios sie nicht als Schauspielerin und fuhr, ohne sie mitzunehmen, zurück ins Studio.

Bette Davis erhielt weder die Rolle in „Strictly Dishonorable" (1931) noch in „A House Divided" (1931). Stattdessen setzte man sie beim Testen männlicher Bewerber ein. Dabei lag sie auf einer Couch und mussten sich nacheinander 15 Männer auf sie legen und ihr einen leidenschaftlichen Kuss geben. Dabei dachte sie, sie müsse sterben.

1931 feierte Bette Davis ihr Debüt auf der Kinoleinwand in dem Film „The Bad Sister" (1931). Bei den Dreharbeiteten wurde die Anfängerin nicht ernst genommen. Produktionschef Carl Laemmle junior vermisste ihren Sexappeal. In „Bad Sister" stand sie an der Seite von Humphrey Bogart (1899–1957). Weil dieser Streifen ein Flop war, wollte Carl Laemmle senior (1867–1939), der damalige Chef des „Universal Studios" (auch „Universal Pictures" genannt), den Vertrag von Bette nicht verlängern. Doch der Kameramann Karl Freund (1890–1969) lobte ihre „reizenden Augen" und ihr Vertrag wurde doch verlängert. Auch mit ihrer Rolle in „Seed" („Meine Kinder – mein Glück", 1931) und mit ihren Nebenrollen in „Waterloo Bridge" (1931) und „Way Back Home" (1932) schaffte Bette noch nicht den Durchbruch. 1932 wurde sie von „Universal Studios" an „Columbia Pictures" für „The Menace" und an „Capital Films" für „Hell's House" ausgeliehen.

Die Hollywood-Karriere für Bette Davis schien bereits beendet, als Carl Laemmle senior nach neun Monaten und sechs wenig erfolgreichen Filmen ihren Vertrag wieder nicht mehr verlängern wollte. Zu ihrem Glück wählte sie aber der einflussreiche englische Schauspieler George Arliss (1868–1946) für die weibliche Hauptrolle in „The Man Who Played God" (1932) aus. Die Zeitung „Saturday Evening Post" lobte den Auftritt von Bette Davis in diesem Film überschwänglich, sie sei nicht nur schön, sondern sprudele förmlich vor Anmut. Außerdem verglich man sie mit den arrivierten weiblichen Filmstars Constanze Bennett (1904–1965) und Olive Borden (1906–1947).

Anschließend erhielt Bette Davis vom Filmstudio „Warner Brothers" einen Vertrag mit einer Laufzeit von 26 Wochen mit einer Option auf eine Verlängerung auf fünf Jahre. Für „Warner Brothers" stand Bette bis 1949 vor der Kamera. Dort ging es für sie immer mehr aufwärts.

„Warner Brothers" lieh Bette Davis 1934 für den Film „Of Human Bondage" an „RKO" aus. In diesem Streifen spielte sie überzeugend die Rolle der Kellnerin Mildred aus der Unterschicht, die ihren verkrüppelten Ehemann finanziell und sexuell ausnützt und mehrfach wegen anderer Männer verlässt. Für diese Rolle erntete Bette teilweise enthusiastische Kritiken. Das Magazin „LIFE" lobte ihren Auftritt als die beste Darstellung, die jemals von einer US-Darstellerin auf der Leinwand gezeigt wurde.

Nach diesem großen Erfolg hoffte Bette Davis vergeblich, „Warner Brothers" würde ihr nun bessere Rollen anbieten. Doch Jack Warner (1892–1978), einer der vier Gründer des Filmstudios, weigerte sich unter anderem, Bette für „Es geschah in einer Nacht" (1934) auszuleihen. Für sie waren weiterhin lediglich Rollen in kostengünstig produzierten Standardfilmen oder Nebenrollen neben männlichen Stars vorgesehen.

Enttäuschend war auch, dass Bette Davis für ihre schauspielerische Leistung in „Of Human Bondage" nicht für den „Oscar" nominiert wurde. Wegen des Aufruhrs im Vorfeld der „Oscar"-Verleihung durfte zum ersten und einzigen Mal ein Kandidat gewählt werden, der ursprünglich nicht nominiert war. Am Ende bekam aber nicht Bette einen „Oscar", sondern ausgerechnet Claudette Colbert (1905–1996) für „Es geschah in einer Nacht".

1936 nahm Bette Davis das Angebot an, in zwei Filmen des britischen Filmemachers Ludovico Toeplitz (1893–1973) mitzuwirken. Damit verstieß sie gegen ihren mit „Warner Brothers" geschlossenen Vertrag. Jack Warner stoppte die Mitwirkung von Bette per einstweiliger Verfügung. Danach wollte „Warner Brothers" den Streit außergerichtlich klären, was Bette aber verweigerte.

Am 14. Oktober 1936 begann eine Gerichtsverhandlung in London. Dabei beklagte Bette Davis, sie habe kein Mitspracherecht bei der Auswahl und Umsetzung ihrer Rollen und müsse zuviele Filme in kurzer Zeit drehen. Außerdem kritisierte sie schlechte Arbeitsbedingungen bei „Warner Brothers". Arbeitszeiten würden nicht eingehalten und die kostengünstig produzierten Filme müssten teilweise parallel und in kürzester Zeit gedreht werden. Ohne Genehmigung dürfe sie keine Auftritte in der Öffentlichkeit wahrnehmen, andererseits aber auch nicht vom Studio vorgeschlagene Termine absagen. Am Ende fällte der zuständige Richter am „High Court of Justice" ein Urteil zugunsten von „Warner Brothers". Der Anwalt des Filmstudios hatte zu Prozessbeginn ein Statement verlesen, das den Eindruck erweckte, Davis sei eine ungehorsame junge Frau, die lediglich mehr Geld wolle. Britische Journalisten bezeichneten Bette, die damals ein Wochengehalt von 1.350 US-Dollar bezog, als überbezahlte und undankbare Schauspielerin. Wegen der hohen Gerichtskosten kehrte sie hoch verschuldet nach Hollywood zurück.

Spätestens seit der Gerichtsverhandlung in London von 1936 hatte Bette Davis in Hollywood den Ruf, bezüglich der Produktionsbedingungen ihrer Filme sehr anspruchsvoll zu sein. Tatsächlich hielt sie oft Drehbücher für schlecht sowie Regisseure und Schauspieler für untalentiert. Einmal schaffte sie es sogar, dass ein Regisseur bereits nach einigen Drehtagen ausgetauscht wurde. Andererseits war sie mit etlichen Kollegen/innen aus der Filmwelt zeitlebens eng befreundet. Ihre Fans schätzten ihre direkte und ehrliche Art.

Erhebliche Probleme mit der Zensurbehörde bekam der Film „Marked Woman" („Mord im Nachtclub", 1937), in dem Bette Davis überzeugend eine Prostituierte verkörperte, die sich aktiv für die Zerschlagung eines Kriminellenrings einsetzte. In diesem Streifen wurden Prostitution und organisiertes Verbrechen offen dargestellt.

Nach einem erbitterten Rechtsstreit des Topstars Kay Francis (1905–1968) mit dem Filmstudio „Warner Brothers" bekam diese keine guten Rollen mehr. Die Folge war, dass Bette Davis viele ursprünglich für Kay Francis vorgesehene Rollen erhielt. Kay galt vorher als „Queen der Warner Brothers".

Bei Dreharbeiten für den Streifen „Jezebel – Die boshafte Lady" (1938), in dem sie eine verwöhnte Südstaaten-Schönheit mimte, begann Bette Davis eine Affäre mit dem Regisseur William Wyler (1902–1981). Ihn bezeichnete sie später als die große Liebe ihres Lebens.

Ihre Lieblingsrolle spielte Bette Davis in „Opfer einer großen Liebe" (1939). Jener Film schilderte das Schicksal einer Frau, die nur noch ein Jahr zu leben hat und noch ein paar glückliche Tage erlebt. Er galt als eine der erfolgreichsten Produktionen des Jahres. Dafür wurde Bette erneut für den „Oscar" nominiert, den Vivien Leigh (1913–1967) für ihre Rolle als Scarlett O'Hara in „Vom Winde verweht" erhielt.

Der erste Farbfilm, in dem Bette Davis mitwirkte, hieß „Günstling einer Königin" (1939). Darin sah man die 31-jährige Bette in der Rolle der 60 Jahre alten englischen Königin Elisabeth I. Tudor (1533–1603) neben

Errol Flynn (1909–1959). Als ihr bis dahin finanziell erfolgreichster Streifen gilt „All This, and Heaven Too" („Hölle, wo ist dein Sieg?", 1940).

Im Januar 1941 wurde Bette Davis als erste Frau zur Präsidentin der „Academy of Motion Picture Arts and Sciences" gewählt. Mit ihrem forschen Auftreeten und radikalen Änderungsvorschlägen verärgerte sie bald andere Komiteeemitglieder. Resigniert trat sie nach einigen Monaten von ihrem Amt zurück.

Nach dem Angriff Japans auf den US-Marinestützpunkt Pearl Harbor (Hawaii) verkaufte Bette Davis in den ersten Monaten von 1942 erfolgreich Kriegsanleihen. Innerhalb von zwei Tagen brachte sie Anleihen im Wert von insgesamt zwei Millionen US-Dollar sowie ein Foto von sich selbst aus dem erwähnten Film „Jezebel – Die boshafte Lady" für 250.000 US-Dollar „an den Mann".

Während des Zweiten Weltkrieges leitete Bette Davis als Präsidentin die „Hollywood Canteen Foundation". Diesem Club gehörten Filmstars an, welche die kämpfenden amerikanischen Soldaten unterhielten. 1946 gründete sie die Filmgesellschaft „Bette Davis, Inc.".

Zu den besten frühen Filmen von Bette Davis gehören „Of Human Bondage" („Der Menschen Hörigkeit", 1934), mit dem sie den großen Durchbruch schaffte, „Dark Victory" („Opfer einer großen Liebe", 1939), „The Letter" („Das Geheimnis von Malampur", 1940), „The Little Foxes" („Die kleinen Füchse", 1941), „Mr.

Skeffington" („Das Leben der Mrs. Skeffington", 1944) und „The Corn Is Green" („Das grüne Korn", 1945). Für ihre Prachtrollen in „Dangerous" („Gefährlich", 1935) und „Jezebel" („Jezebel – Die boshafte Lady", 1938) erhielt Bette Davis je einen „Oscar" als beste Schauspielerin. Außerdem nominierte man sie acht Mal für den „Oscar". Nach ihrem zweiten „Oscar" erhielt sie ein Mitspracherecht bei der Themenauswahl ihrer Filme. 1947 galt sie mit einem Jahreseinkommen von 328.000 US-Dollar als die bestbezahlte Frau der USA.

Besonders überzeugend spielte Bette Davis komplizierte, neurotische, macht- und geldhungrige, mörderische, willensstarke und ehrgeizige Frauen. Auf dem Plakat für den Film „Beyond the Forest" („Der Stachel des Bösen", 1949) hieß es deshalb treffend: „Keine ist so gut wie Bette Davis, wenn sie schlecht ist!"

Als weitere Glanztaten des filmischen Schaffens von Bette Davis gelten „All About Eve" („Alles über Eva", 1950) und „Whatever Happened to Baby Jane? („Was geschah wirklich mit Baby Jane?", 1962). In letzterem Streifen spielte sie zusammen mit ihrer Intimfeindin Joan Crawford (1908–1977), die sie ihr Leben lang hasste.

Äußerlich glich Bette Davis nicht den weiblichen Filmschönheiten ihrer Zeit. Als ihr stärkstes Ausdrucksmittel galten ihre großen, herausstechenden Augen, die in ihren Filmen durch Make-up und Ka-

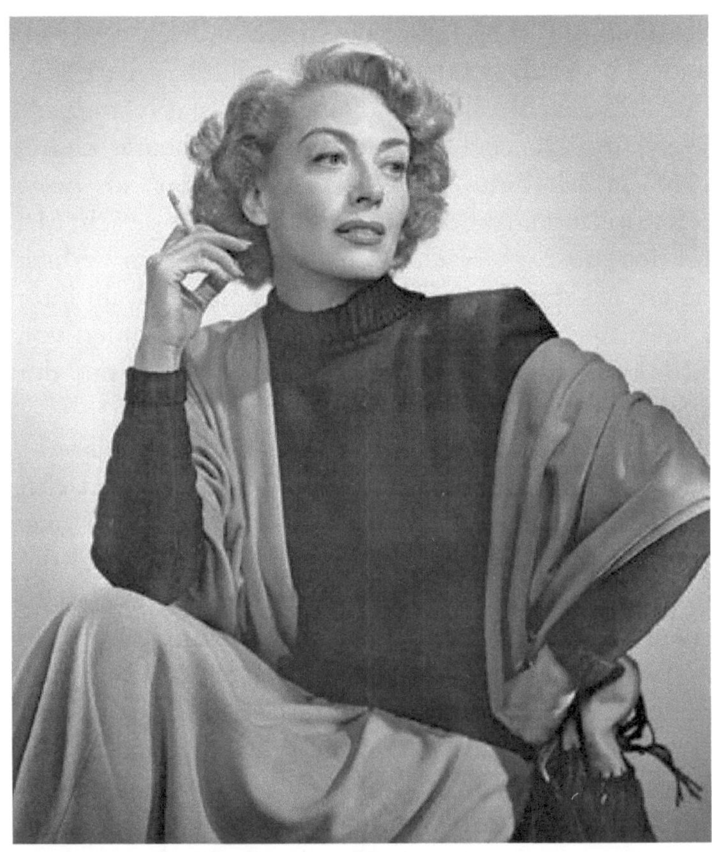

Joan Crawford (1908–1977)

meraeinstellungen besonders betont wurden. Filmkenner bezeichnen sie noch heute als „Königin des bösen Blicks". Oft spielten Zigaretten in ihren Streifen eine wichtige Rolle. Wichtig erschien ihr, durch ihre schauspielerischen Fähigkeiten positiv aufzufallen und weniger durch ihr Aussehen. Bei der Darstellung ihrer Filmcharaktere bewies sie mehrfach Mut zur Hässlichkeit. Für eine Rolle schminkte sie sich selbst, weil sie glaubte, niemand würde sich trauen, sie ausreichend hässlich zu schminken. Einmal ließ sie sich Haare und Augenbrauen abrasieren, weil das Drehbuch dies erforderte.

1960 verklagte Bette Davis ein Filmmagazin, das angedeutet hatte, ihre Karriere als Schauspielerin sei beendet, auf Schadenersatz in Höhe von einer Million US-Dollar. 1962 erregte sie mit einem Stellungsgesuch großes Aufsehen. Die von ihr aufgegebene Anzeige lautete: „Mutter von drei Kindern – 10, 11 und 15 –, geschieden, Amerikanerin. Dreißig Jahre Erfahrung als Filmschauspielerin. Möchte ständige Beschäftigung in Hollywood."

Die Memoiren von Bette Davis erschienen unter dem Titel „The Lonely Life: An Autobiography" (1962). Zusammen mit Michael Herskowitz schrieb sie das Buch „This'n That" (1987) und zusammen mit Whitney Stine den Band „I'd Love to Kiss You: Conversations with Bette Davis" (1990).

1973 spielte Bette Davis in einer eigenen Fernsehserie eine herrschsüchtige Mutter und erhielt hierfür einen

„Emmy". 1977 wurde ihr als erster Frau der Preis des amerikanischen Filminstituts für ihr Lebenswerk verliehen. Trotz schwerer Krankheiten – wie Herzinfarkt, später Brustkrebs, Schlaganfall und Hüftbruch – war sie in „The Whale of August" („Wale im August", 1987) auf der Leinwand zu sehen. Sie pflegte einen extravaganten Schauspielstil, wirkte wie ein Energiebündel, war aber in Wirklichkeit auch verletzlich.

Erster Ehemann von Bette Davis war vom 8. August 1932 bis zum 6. Dezember 1938 der Trompeter Oscar Harmon Nelson (1907–1975). Die am 31. Dezember 1940 geschlossene zweite Ehe mit dem Gastwirt Arthur „Farney" Farnsworth endete am 25. August 1943 durch den Tod des Gatten, der zwei Tage zuvor auf der Straße zusammengebrochen war. Aus ihrer dritten Ehe vom 30. November 1945 bis zum 5. Juli 1950 mit dem Boxer, Maler und Physiotherapeuten William Grant Sherry (1914–2003) stammt die am 1. Mai 1947 geborene Tochter Barbara Davis. Die vierte Ehe von 28. Juli bis zum 6. Juli 1950 bis 1960 mit dem Schauspieler Gary Merrill (1915–1990) war von Streit, Gewalt und Alkohol geprägt. Während dieser Ehe adoptierte Bette das Mädchen Margot und den Jungen Michael. Margot kam wegen einer Schädigung des Gehirns in eine Spezialanstalt.

1983 erhielt Bette Davis die traurige Diagnose, sie leide an Brustkrebs. Später lähmte im Krankenhaus ein Schlaganfall ihre rechte Gesichtshälfte und ihren linken Arm. Zudem wurde ihr Sprachvermögen eingeschränkt. Als ihre Lähmungen nachließen, kehrte sie nach Hause zurück, erlitt dort aber bei einem Sturz einen Hüftbruch.

Zu jener Zeit verschlechterte sich zunehmend das Verhältnis zwischen Bette Davis und ihrer leiblichen Tochter Barbara Davis Hyman. Die Tochter wollte ihre Mutter zur christlichen Erweckungsbewegung bekehren.

Nach ihrer Genesung reiste Bette Davis nach England, um dort in dem Agatha-Christie-Film „Murder with Mirrows" „Mord mit doppeltem Boden" (1985) mitzuspielen. Bei ihrer Rückkehr erfuhr Bette, ihre Tochter werde eine Biografie veröffentlichen. Das Buch hieß „My Mother's Keeper" (1985) und schilderte eine schwierige Mutter-Tochter-Beziehung. Es handelte von einer Tochter, die unter der herrischen Art und Trunksucht ihrer Mutter sehr zu leiden hatte. Freunde und Fans von Bette bezeichneten die beschriebenen Ereignisse als inkorrekt. Sogar der vierte Ex-Gatte von Bette, nämlich Gary Merrill, erklärte in einem Interview, die Motive von Barbara Davis Hyman seien „Grausamkeit und Habgier". Bette sprach in der Folgezeit nicht mehr mit ihrer Tochter Barbara und enterbte sie.

Als 80-Jährige gab Bette Davis unumwunden zu: „Ich war ein Terror, unleidlich, ungezogen mit schrecklichen Manieren, nur auf den Erfolg und meine Karriere bedacht. Ich hatte nie Zeit für Freundlichkeiten. Ich habe stets nur gesagt, was ich dachte, und das war

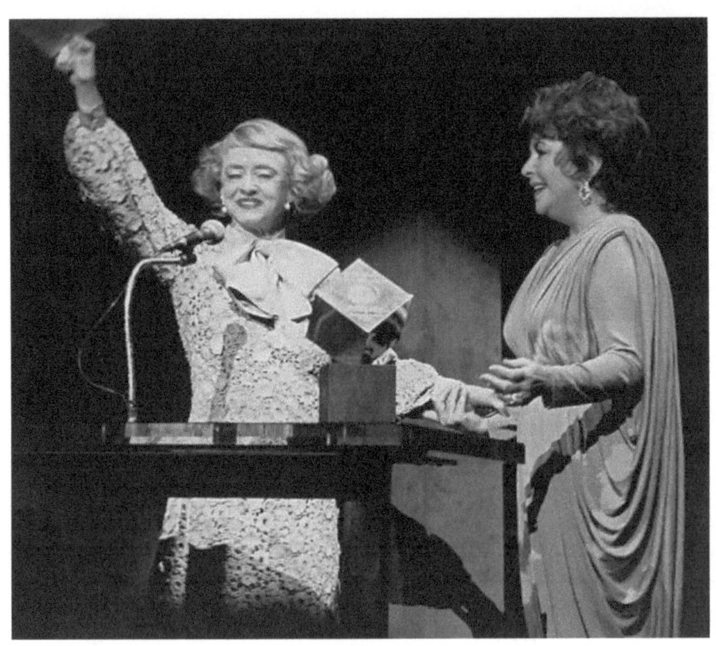

*Bette Davis und Elizabeth Taylor (1932–2011)
bei einer Preisverleihung am 8. November 1981*

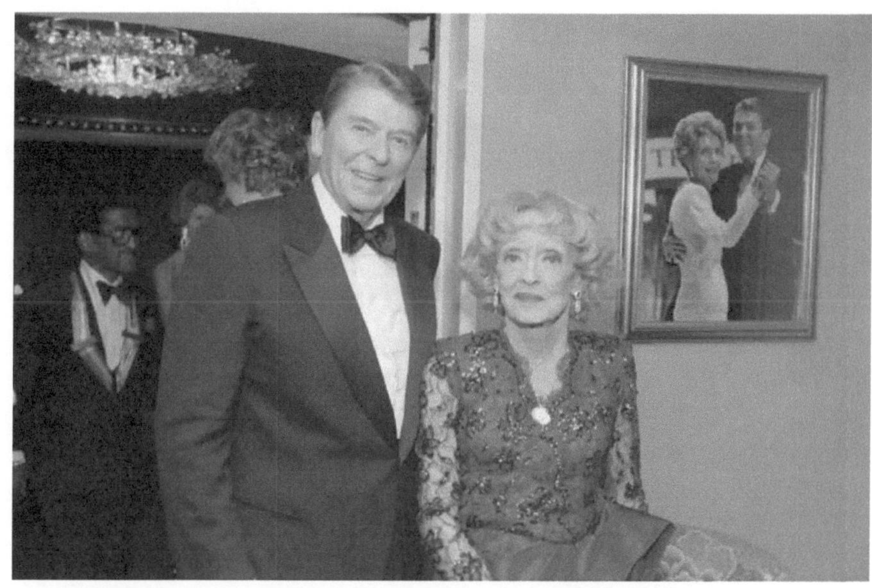

*US-Präsident Ronald Reagan (1911–2004) und Bette Davis
im „Weißen Haus" in Washington am 6. Dezember 1987*

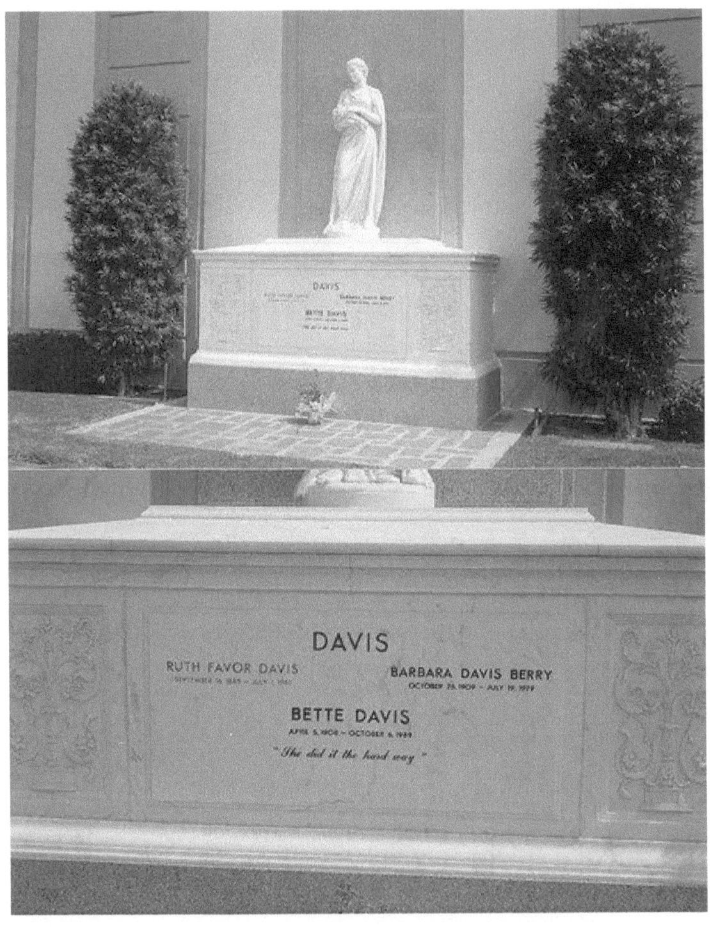

Grab von Bette Davis auf dem privaten Friedhof
„Forest Lawn Memorial Park" in Glendale (Kalifornien)

keineswegs immer druckreif". Der amerikanische Filmemacher Joseph L. Mankiewicz (1909–1993) sagte über sie: „Bette, wenn du einmal stirbst, sollte man nur einen Satz auf deinen Grabstein schreiben: Sie ging immer den dornigen Weg".

Während der „American Cinema Awards" von 1989, bei denen ihr der „Life Achievement Award" verliehen wurde, brach Bette Davis zusammen. Ihr Brustkrebs war zurückgekommen. Ungeachtet dessen reiste sie nach Spanien, um das „San Sebastián International Film Festival" zu besuchen und dabei den „Donostia Lifetime Achievement Award" entgegenzunehmen. Dabei gab sie einen Hinweis auf ihre schwere Krankheit. Sie erklärte, wenn man ein bißchen länger gewartet hätte, wäre sie nicht mehr in der Lage gewesen, den Ehrenpreis anzunehmen.

Beim Aufenthalt in San Sebastián verschlechterte sich der Gesundheitszustand von Bette Davis dramatisch. Weil sie körperlich nicht mehr in der Lage war, die Heimreise in die USA anzutreten, lieferte man sie in Frankreich in das „Amerikanische Krankenhaus" von Neuilly-sur-Seine ein. Dort erlag sie am 6. Oktober 1989 im Alter von 81 Jahren ihrem Brustkrebsleiden. Ihre letzte Ruhe fand sie auf dem Friedhof „Forest Lawn Memorial Park" in Glendale (Kalifornien) neben ihrer Mutter Ruth Favor Davis (1885–1961) und ihrer Schwester Barbara Davis Berry (1909–1979). Die Grabinschrift lautet: „She did it the hard way" („Sie nahm den harten Weg").

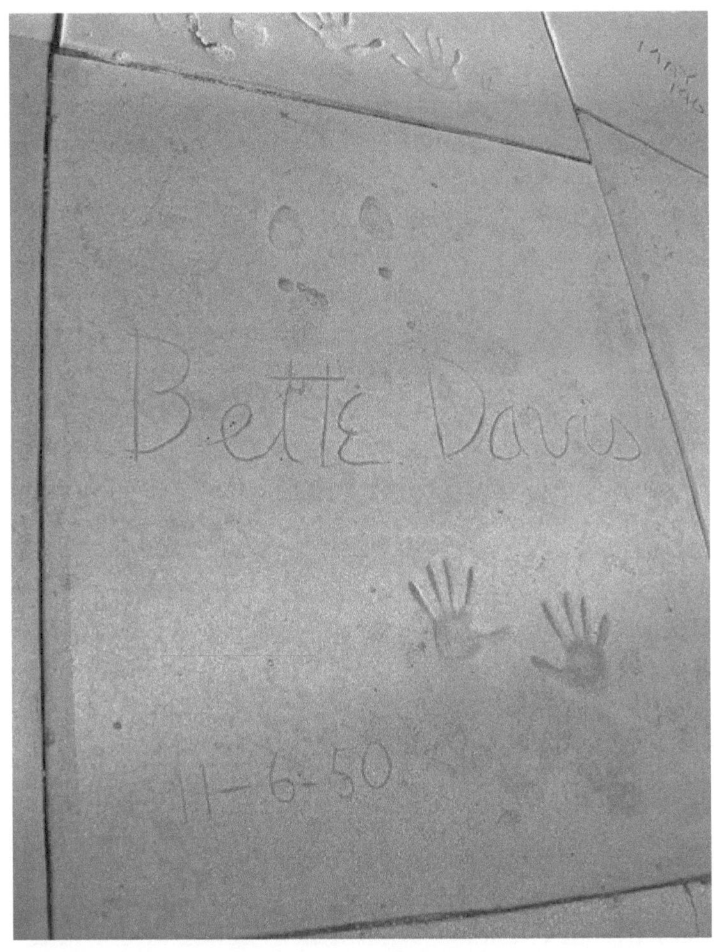

Hand- und Fußabdrücke von Bette Davis
vor dem Kino „Grauman's Chinese Theatre" in Hollywood

1997 wurde von ihrem Testamentsvollstrecker Michael Merrill, ihrem Sohn und ihrer ehemaligen Assistentin Kathryn Sermark die „Bette Davis Foundation" gegründet. Diese fördert mit Collegestipendien junge Schauspieler und Schauspielerinnen.

Das „American Film Institute" wählte Bette Davis 1999 auf Platz 2 der 25 größten Hollywood-Schauspielerinnen des 20. Jahrhunderts. Auf Platz 1 kam Katharine Hepburn. Auf dem „Hollywood Walk of Fame" ist Bette mit zwei Sternen vertreten. Anlässlich ihres 100. Geburtstages wurde sie 2008 in den USA mit einer Sonderbriefmarke geehrt, die sie in ihrer Rolle als Margo Channing in „Alles über Eva" zeigte.

Literatur

CHANDLER, Charlotte: Bette Davis. Die persönliche Biografie, München 2008

FEMBIO Frauen-Biographie-Forschung http://www.fembio.org

HEINZLMEIER, Adolf / SCHULZ, Bernd / WITTE, Karsten: Die Unsterblichen des Kinos, Band 2, Glanz und Mythos der Stars der 40er und 50er Jahre, Frankfurt am Main 1980

PROBST, Ernst: Superfrauen 7 – Film und Theater, Mainz-Kostheim 2001

PUBLIKUMSLIEBLINGE NICHT NUR VON GESTERN http://www.steffi-line.de Internetseite von Stephanie D'heil, Düsseldorf

SEIDEL, Hans-Dieter: Überlebensgroß und störrisch. Zu Ehren der Schauspielerin Bette Davis. Frankfurter Allgemeine Zeitung, Bilder und Zeiten, 2. April 1988, Frankfurt am Main 1980

VERMILYE, Jerry: Betty Davis. Ihre Filme, ihr Leben, München 1988

WIKIPEDIA (Online-Lexikon) http://wikipedia.org

Bildquellen

Klaus Benz, Fotograf, Mainz-Laubenheim: 36

Library and Archives Canada (Foto: Yousuf Karsh von 1948): 20

Library of Congress, Prints and Photographs Division, Washington (Foto um 1916): 8

White House Photo Office, Ronald Reagan Library (Foto vom 6. Dezember 1987): 25

Roland Godefroy/CC-BY3.0 (Foto vom September 1987): 1 (via Wikimedia Commons), lizensiert unter WikimediaCommons-Lizenz by-3.0-de
http://creativecommons.org/licenses/by/3.0/
legalcode

Alain Light/CC-BY2.0 (Foto vom 8. November 1981): 24   http://www.flickr.com/photos/alan-light/210599871/in/set-72157594230534051
(via Wikimedia Commons), lizensiert unter CreativeCommons-Lizenz by-2.0-de
http://creativecommons.org/licenses/by/2.0/
legalcode

Alain Light / CC-BY2.0 (Foto von 1990): 26
http://www.flickr.com/photos/alan-light/253464232/
in/set-72157594300785881/
(via Wikimedia Commons), lizensiert unter CreativeCommons-Lizenz by-2.0-de
http://creativecommons.org/licenses/by/2.0/
legalcode

Sailko: CC-BY-SA3.0. 28 (via Wikimedia Commons),
lizensiert unter WikimediaCommons-Lizenz by-sa-3.0-de
http://creativecommons.org/licenses/by-sa/3.0/
legalcode

Allan Warren/CC-BYSA3.0 (Foto von 1973): 10 (via Wikimedia Commons), lizensiert unter WikimediaCommons-Lizenz by-sa-3.0-de
http://creativecommons.org/licenses/by-sa/3.0/
legalcode

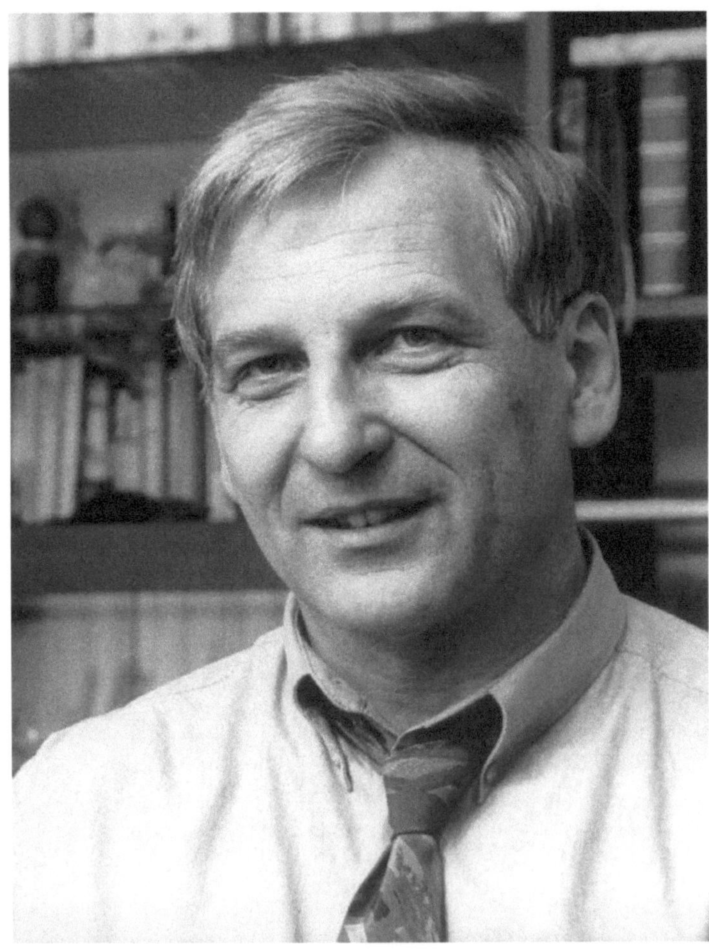

Autor Ernst Probst

Der Autor Ernst Probst

Ernst Probst, geboren am 20. Januar 1946 in Neunburg vorm Wald im bayerischen Regierungsbezirk Oberpfalz, ist Journalist und Wissenschaftsautor. Er arbeitete von 1968 bis 1971 als Redakteur bei den „Nürnberger Nachrichten", von 1971 bis 1973 in der Zentralredaktion des „Ring Nordbayerischer Tageszeitungen" in Bayreuth und von 1973 bis 2001 bei der „Allgemeinen Zeitung", Mainz. In seiner Freizeit schrieb er Artikel für die „Frankfurter Allgemeine Zeitung", „Süddeutsche Zeitung", „Die Welt", „Frankfurter Rundschau", „Neue Zürcher Zeitung", „Tages-Anzeiger", Zürich, „Salzburger Nachrichten", „Die Zeit", „Rheinischer Merkur", „Deutsches Allgemeines Sonntagsblatt", „bild der wissenschaft", „kosmos", „Deutsche Presse-Agentur" (dpa), „Associated Press" (AP) und den „Deutschen Forschungsdienst" (df). Aus seiner Feder stammen die Bücher „Deutschland in der Urzeit" (1986), „Deutschland in der Steinzeit" (1991), „Rekorde der Urzeit" (1992), „Dinosaurier in Deutschland" (1993 zusammen mit Raymund Windolf) und „Deutschland in der Bronzezeit" (1996). Von 2001 bis 2006 betätigte sich Ernst Probst als Buchverleger sowie zeitweise als internationaler Fossilienhändler und Antiquitätenhändler. Insgesamt veröffentlichte er rund 200 Bücher, Taschenbücher, Broschüren und E-Books.

Bücher von Ernst Probst

(Auswahl)

Als Mainz noch nicht am Rhein lag

Annie Oakley
Die Meisterschützin des Wilden Westens

Archaeopteryx. Der Urvogel
aus Bayern

Christl-Marie Schultes. Die erste Fliegerin in Bayern
(zusammen mit Theo Lederer)

Cortés und Malinche. Der spanische Eroberer
und seine indianische Geliebte

Der Europäische Jaguar

Der Mosbacher Löwe
Die riesige Raubkatze aus Wiesbaden

Der Rhein-Elefant
Das Schreckenstier von Eppelsheim

Der Schwarze Peter
Ein Räuber im Hunsrück und Odenwald

Der Ur-Rhein
Rheinhessen vor zehn Millionen Jahren

Deutschland im Eiszeitalter

Deutschland in der Frühbronzezeit

Deutschland in der Mittelbronzezeit

Deutschland in der Spätbronzezeit

Die Aunjetitzer Kultur in Deutschland

Die Straubinger Kultur in Deutschland

Die Singener Gruppe

Die Arbon-Kultur in Deutschland

Die Ries-Gruppe und die Neckar-Gruppe

Die Adlerberg-Kultur

Der Sögel-Wohlde-Kreis

Die nordische Bronzezeit in Deutschland

Die Hügelgräber-Kultur in Deutschland

Die ältere Bronzezeit in Nordrhein-Westfalen

Die Bronzezeit in der Lüneburger Heide

Die Stader Gruppe

Die Oldenburg-emsländische Gruppe

Die Urnenfelder-Kultur in Deutschland

Die ältere Niederrheinische Grabhügel-Kultur

Die Unstrut-Gruppe

Die Helmsdorfer Gruppe

Die Saalemündungs-Gruppe

Die Lausitzer Kultur in Deutschland

Die Dolchzahnkatze Megantereon

Die Dolchzahnkatze Smilodon

Die Säbelzahnkatze Homotherium

Die Säbelzahnkatze Machairodus

Die Schweiz in der Frühbronzezeit

Die Rhône-Kultur in der Westschweiz

Die Arbon-Kultur in der Schweiz

Die Schweiz in der Mittelbronzezeit

Die Schweiz in der Spätbronzezeit

Dinosaurier von A bis K. Von Abelisaurus
bis zu Kritosaurus

Dinosaurier von L bis Z. Von Labocania
bis zu Zupaysaurus

Eiszeitliche Geparde in Deutschland

Eiszeitliche Leoparden in Deutschland

Frauen im Weltall

Hildegard von Bingen. Die deutsche Prophetin

Höhlenlöwen. Raubkatzen
im Eiszeitalter

Julchen Blasius
Die Räuberbraut des Schinderhannes

Katharina II. die Große.
Die Deutsche auf dem Zarenthron

Johann Jakob Kaup
Der große Naturforscher aus Darmstadt

Königinnen der Lüfte in Deutschland

Königinnen der Lüfte in Europa

Königinnen der Lüfte in Amerika

Königinnen der Lüfte von A bis Z

Rund 70 Kurzbiografien berühmter Fliegerinnen,
Ballonfahrerinnen, Luftschifferinnen, Fallschirm-
springerinnen, Astronautinnen und Kosmonautinnen

Königinnen des Films

Königinnen des Tanzes

Königinnen des Theaters

Zenobia von Palmyra.
Eine Frau kämpft gegen die Römer

Bestellungen bei: http://www.grin.com